ZEP

titeuf 5

et le derrière des choses

Glénat

Du même auteur :

Les trucs de Titeuf :
- *Le guide du zizi sexuel*
  par Zep et Hélène Bruller
Éditions Glénat

Les filles électriques

L'enfer des concerts

Éditions Dupuis/Humour Libre

Retrouve Tchô! et Titeuf sur Internet
www.glenat.com

Tchô ! La collec...
Collection dirigée par J.C. CAMANO

© 1996, Éditions Glénat - BP 177 - 38008 Grenoble Cedex
Tous droits réservés pour tous pays
Dépôt légal : mai 1996
Imprimé en France par *Partenaires-Livres* ® (JL)
en juillet 2002

4

10

13

33

SUPERFLASH

SUPERFLASH SENT PLANER UNE MENACE ...

...TROP TARD! LE VOICI ENFERMÉ DANS UN CHAMP MAGNÉTIQUE...

BOOM BOOM BOOM

LE GRAND MUGUL A JURÉ DE L'ÉLIMINER ... SUPERFLASH EST PRISONNIER ...

.. IL COMMENCE À FAIRE UNE CHALEUR INSUPPORTABLE ...

PAS D'ISSUE POUR SUPERFLASH ... 100 DEGRÉS, 200 DEGRÉS...

1000 DEGRÉS! C'EST HORRIBLE ... IL FOND!

LE GRAND MUGUL A GAGNÉ: IL NE RESTE DE SUPERFLASH QU'UNE SUPERFLAQUE DE CHAIR FONDUE !!!

Blb

QUI A MIS UN JOUET EN PLASTIQUE DANS LE MICRO-ONDES !?!

TITEUF!!

C'EST PÔ MOI ... C'EST LE GRAND MUGUL.

DiEU

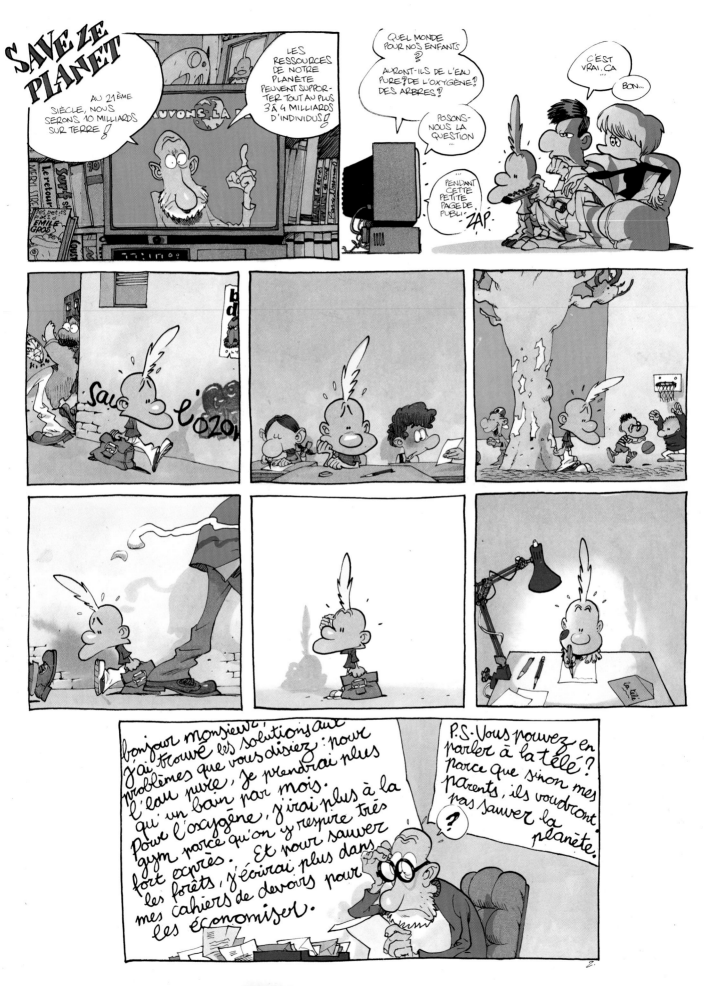

43

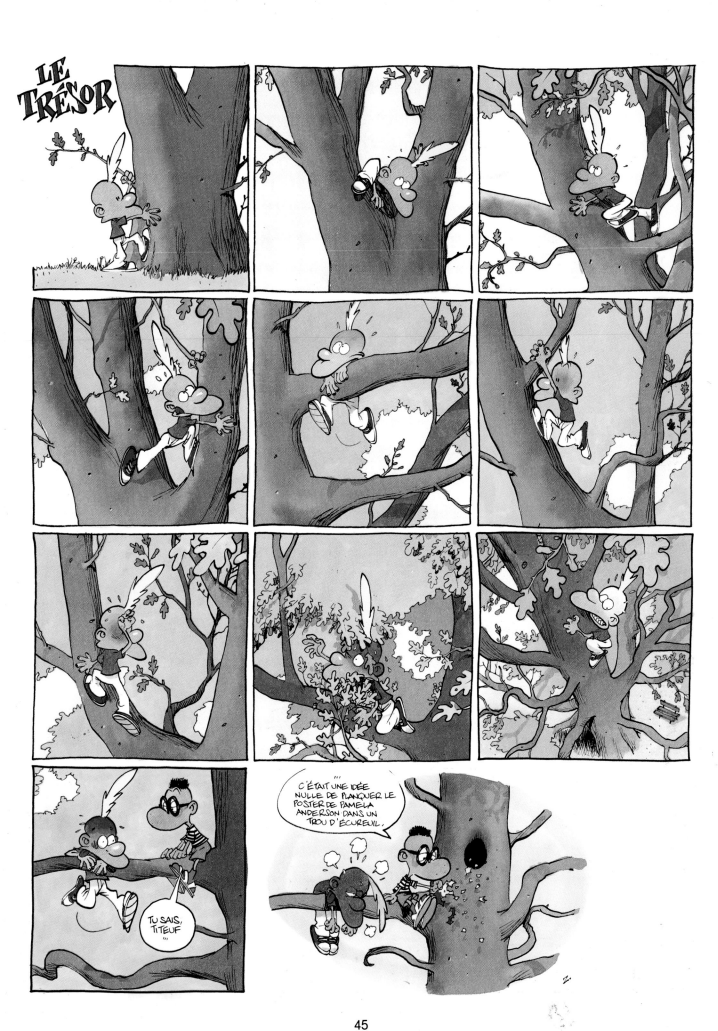

46